AVIS
AUX BONNES MÈRES
SUR LA
MANIÈRE DE SOIGNER LES ENFANTS,
DEPUIS LEUR NAISSANCE
JUSQU'À L'AGE DE PUBERTÉ.

Les Formalités exigées par la loi ayant été remplies, nous poursuivrons les Contrefacteurs, ainsi que les Personnes qui débiteraient cet Ouvrage sans notre aveu.

IMPRIMERIE DE LACHEVARDIERE FILS,
RUE DU COLOMBIER, N° 30.

AVIS
AUX BONNES MÈRES,

SUR LA

MANIÈRE DE SOIGNER LES ENFANTS,

DEPUIS LEUR NAISSANCE

JUSQU'A L'AGE DE PUBERTÉ;

PAR Mme GIOST,

SAGE-FEMME, REÇUE PAR LA FACULTÉ DE MÉDECINE DE PARIS.

SECONDE ÉDITION.

A PARIS,

CHEZ L'AUTEUR, RUE DU CHERCHE-MIDI, N° 16;
BÉCHET JEUNE, LIBRAIRE,
PLACE DE L'ÉCOLE DE MÉDECINE, N° 4.

—

1825.

AVIS
AUX BONNES MÈRES,

SUR LA

MANIÈRE DE SOIGNER LES ENFANTS,

DEPUIS LEUR NAISSANCE

JUSQU'A L'AGE DE PUBERTÉ.

Les trois quarts des enfants meurent en nourrice, faute de savoir les diriger depuis le premier jour de leur naissance jusqu'à la fin de leur première dentition. Si toutes les mères nourrissaient leurs enfants, il est certain que sur la quantité immense de ceux qui succombent, il s'en élèverait les sept huitièmes. De tous les êtres qui existent l'homme est le plus parfait, mais le plus difficile à élever; et Dieu, prévoyant l'état de faiblesse de sa créature, y a remédié, en mettant dans le sein de sa mère un lait plus purgatif que nourrissant.

Presque toujours on donne à l'enfant naissant une nourrice dont le lait est fort et consolidé, ce qui donne une nourriture trop abondante ; au contraire, celui de la mère fait couler les vidanges et purge proportionnellement, ne se fortifie qu'à mesure, et ne devient nourrissant que quand l'enfant a acquis les forces nécessaires. L'on doit toujours donner une nourrice fraîchement accouchée : quand cela ne se peut pas, il ne faut faire téter l'enfant qu'au bout de huit jours, et dans cet espace, lui donner des purgatifs, tels que de l'eau sucrée, où on ajoutera quelques gouttes d'eau de fleur d'oranger ; le gruau très clair et bien cuit, sucré avec le sirop de gomme, doit être la seule boisson que l'on fera prendre d'heure en heure, et non pas coup sur coup. Pour nourriture, on fera bouillir une mie de pain, dont on extraira la première eau ; on la fera bien mitonner dans une seconde, que 'on sucrera légèrement, et on la donnera à 'enfant un quart d'heure après qu'il aura bu.

Pendant ce temps on fera suivre le régime ci-après à la nourrice, savoir : des lavements émollients tous les deux jours, et une boisson rafraîchissante, telle que le bouillon de veau, afin de disposer son lait à devenir léger. Si la nourrice est bonne, l'enfant ne doit manger qu'à six semaines révolues. Quand il commencera à prendre le sein, l'on donnera à la nourrice une bonne nourriture, des soupes grasses, des farineux, des viandes rôties, du vin pur à tous les repas, et de l'eau rougie entre. L'on ne peut régler les repas d'une nourrice, parcequ'elle éprouve fréquemment des délabrements qui pourraient nuire à son lait. Il faut, à chaque fois qu'elle les ressent, qu'elle prenne de la nourriture, et la nuit, des bouillons, qu'on tiendra au bain-marie. Sous quelque prétexte que ce soit, une nourrice ne doit manger de crudités, ni rien au vinaigre; point de fruits, autres que des cerises et des groseilles, et en petite quantité. On doit toujours faire en sorte qu'elle ait le cœur content. Les maris ou les maîtres qui grondent exposent la santé de leurs enfants : ceux-ci, se nourrissant de lait tourné, s'en ressentent pendant plus de huit jours, quoique le lait qui succède ait repris son état naturel au bout de vingt-quatre heures. A six semaines on donnera à manger à l'enfant, si le sein ne lui suffit pas, afin de donner au lait le temps de se fortifier : il faudra que les potages soient plus boisson que nourriture; la fécule de pomme de terre, des croûtes de pain cuites au four, fortement broyées et mitonnées avec du bouillon gras, que l'on sucrera légèrement. Ne donnez jamais de bouillie: le lait et la farine sont deux substances qui, ne se liant jamais parfaitement ensemble, deviennent lourdes. Puisque dans toute la force de l'âge nous souffrons après avoir pris un repas plus abondant que de coutume, nous devons penser combien l'enfant éprouve de difficulté à digérer, ayant l'estomac si délicat, et le pylore si étroit, que ces deux viscères, par leur peu d'activité, rendent les digestions laborieuses. Ce temps passé, on augmentera les doses, afin de rendre les potages plus nourrissants. Depuis le jour de la naissance jusqu'à la sixième semaine, l'on tiendra des compresses de vin sucré sur le nombril; on les renouvellera matin et soir. Bien des personnes voyant le cordon ombilical cicatrisé au dehors, pensent qu'il en est de même en dedans; elles se trompent si bien, que des crises ou une toux légère peuvent occasioner une descente de nombril. Les soins qu'il faut avoir dans ce cas sont d'autant plus urgents, que les douleurs que les enfants endurent jusqu'à ce que le nombril soit remis dans son état naturel sont souvent prises pour des tranchées. Or, il faut mettre sur les compresses une bande qui les maintiendra fermement. Chez les enfants du sexe masculin, on soutiendra les testicules par une bande étroite qui sera attachée à la première, afin d'éviter que les vents qui s'y mettent produisent des gonflements. Immédiatement après la naissance, chaque fois que l'on démaillotte un enfant, il faut le frictionner depuis le haut du dos jusqu'au bas des reins. Ces frictions doivent se faire avec une flanelle, pendant dix minutes seulement; il ne faut pas remmaillotter sans avoir bien essuyé les parties qui auraient été lavées, et éviter de chauffer le linge qui doit emmaillotter : les genoux de la nourrice suffisent pour absorber l'humidité. Dans le cas contraire, cela donnerait des rides qui occasioneraient des cuissons.

Jusqu'à six semaines, un enfant doit être fermement maintenu dans ses maillots; ce n'est qu'après cette époque qu'on lui donnera plus d'aisance, sans cependant le tenir trop à l'aise : pendant tout ce temps il est sujet aux vents, ce que l'on pourra calmer en faisant bouillir une cuillerée à café d'anis vert dans un verre d'eau, que l'on donnera par petites doses d'heure en heure. Les pieds d'un enfant de cet âge doivent être enveloppés d'une flanelle tout le temps qu'on doit le tenir emmaillotté. Il ne faudra jamais donner à manger à un enfant quand il voudra s'endormir, ni l'exciter en lui présentant quelque chose qui flatterait son goût, pas plus avant de le démaillotter qu'après : dans l'un ou l'autre de ces cas, il lui faut une heure d'intervalle. Aussitôt son réveil, il faut lui donner à boire et non à téter; le lait étant moitié nourriture et moitié boisson, n'est pas aussi propre à faire couler les flegmes qui se sont amassés pendant le sommeil. C'est dans les premières six semaines qu'on doit faire vacciner les enfants. Quand cela ne se peut, il faut attendre que la première dentition soit terminée : elle commence assez ordinairement à deux mois, et se manifeste par des diarrhées verdâtres, grumeleuses et des chaleurs à toutes les extrémités : il faut en ce cas donner à l'enfant plus à boire qu'à manger et rendre la nourriture de la nourrice plus légère, en lui faisant prendre des tisanes rafraîchissantes : la nourrice ayant le corps libre, celui du nourrisson le deviendra, et il ne faudra pas lui donner des lavements, qui, trop fréquemment employés, pourraient altérer sa constitution.

Il faudra le tenir très chaudement, et s'il était en robe, le vêtir en lainage ; sitôt que les symptômes disparaîtront, la nourrice reprendra une forte nourriture, pour que son lait suffise à l'enfant, qu'on ne fera manger qu'au bout de quatre jours. Chaque fois que les symptômes de la dentition reparaîtront, on suivra le même régime.

Il ne faut jamais promener les enfants avec des lisières ou par les bras, et encore moins avec un mouchoir qui leur oppresse la poitrine ; on doit les laisser rouler sur des tapis, autour desquels on mettra des chaises. C'est de cette manière qu'ils apprendront à se soutenir et à marcher insensiblement; ils acquerront ainsi plus de force.

On se glorifie d'avoir un enfant qui, à neuf mois, marche seul : trop souvent, à l'époque des grosses dents, ce n'est plus la même chose ; car ce qu'on a exigé de lui trop tôt le prive ensuite de ses facultés intellectuelles, à l'instant où elles lui sont le plus nécessaires.

Dans cette dernière circonstance, si on le fait marcher, on l'expose à se nouer, non seulement dans les jambes, mais encore dans les reins, et il se dandine, croyant que cela peut suppléer à la faiblesse de ses jambes.

Cette infirmité disparaîtra d'abord; mais elle reparaîtra plus sensiblement à l'âge de six ou sept ans. Il ne faut pas, en quelque temps que ce soit, forcer la marche des enfants : ils veulent jouir de leur liberté en essayant de marcher seuls; mais que l'œil de la mère ou celui de la nourrice les surveille toujours. En été, il faut rafraîchir les intestins par des boissons rafraîchissantes et quelques bains. Pourquoi meurt-il tant d'enfants en nourrice? c'est que, pour travailler aux champs, les nourrices les laissent des temps infinis sans boire, et ne les baignent jamais.

C'est de cette manière qu'ils gagnent des inflammations d'intestins ; maladie où il y a peu de remèdes, et plus dangereuse encore quand la dentition est de la partie : le carreau provient aussi de ne pas donner assez à boire et trop à manger aux enfants. La dentition des vingt dents terminée, tout chez ces enfants se raffermit; l'estomac digère avec facilité, le pylore broie avec vigueur, et l'on peut les nourrir selon leur appétit. Il faut cependant, jusqu'à l'âge de sept ans, les priver absolument de viandes et sucreries, également de pâtisserie et charcuterie; ne leur jamais donner de fromage, de quelque espèce qu'il soit : toutes ces substances ne sont propres qu'à donner des humeurs fortes, et une âcreté dans le sang, chose que l'on doit éviter avec le plus grand soin. Leur nourriture doit se composer de soupes mitonnées, de jus de viandes, de légumes en petite quantité, d'épinards, de poissons d'eau douce, d'asperges, de fonds d'artichauds, d'un peu de vin pur après leur repas : pour dessert, de confitures de groseilles, d'échaudés très cuits, de pommes cuites. Mais en été, à l'exception des cerises et des groseilles, les autres fruits seront mis en compote.

Employez le plus rarement possible toute espèce de laitage, car aussitôt qu'il est passé dans l'estomac il se caille; à Paris surtout, où les personnes qui le débitent le mêlent avec du blanc d'œuf, du safran et de la farine. Autant qu'il est possible, donnez-leur peu de beurre : cette substance est trop bilieuse.

Lorsque les enfants ont leurs vingt dents, ils restent tranquilles, et jouissent d'une bonne santé, surtout lorsqu'ils ont été engendrés de pères et mères dont le sang était pur; mais dans le cas contraire les enfants pourraient devenir les victimes d'un virus caché chez leurs parents, mais qui se communiquerait avec rapidité dans leur sang, si l'art des médecins instruits, et des médicaments appliqués à propos, n'en détruisaient les funestes effets.

OBSERVATIONS.

Il arrive souvent qu'un homme, se croyant parfaitement guéri de certaines maladies trop connues, ne purifie pas son sang pendant plusieurs années : sa femme, quoique bien saine, est susceptible de prendre des reliquats qui, dégénérés, ne peuvent plus être considérés comme étant de la même nature, mais qui n'en sont pas moins dangereux, non seulement pour la mère, mais encore plus pour l'enfant, dont l'extrême faiblesse ne peut rien supporter d'impur. L'on ne doit pas s'étonner de voir, les premiers jours de la naissance, les yeux d'un enfant jeter et

s'enflammer. Le lait du sein doit suffire pour en obtenir la guérison ; mais si cela se prolonge plus de quinze jours, on doit appeler un médecin. Il s'apercevra promptement si cette inflammation provient d'un vice vénérien; et si malheureusement il en était ainsi, il faudrait que la mère commençât à se traiter. L'on pourrait juger de la nature du mal qui règne chez l'enfant, et, par les doses qui passeront dans le lait de la mère, elle parviendra à mettre l'enfant dans un parfait état de guérison. Si c'est une nourrice, elle doit pratiquer les mêmes moyens ; indépendamment qu'elle sauvera son nourrisson, elle se garantira par la suite d'avoir des enfants qui ne seraient pas parfaitement sains. Malgré qu'il ne resterait aucune trace, et que l'enfant serait fort et bien portant, l'on sera sans cesse en surveillance tout le temps de l'allaitement: il sera bon de prendre des sirops antiscorbutiques de temps en temps; car souvent, après le sevrage, tout reparaît faute de s'être bien soigné, et il est urgent de le faire pendant l'allaitement, puisque c'est par lui qu'on peut obtenir une parfaite guérison. Ce n'est pas sans raison qu'Hippocrate disait : « Que les mau-
» vais germes qui naissent avec nous ne nous
» quitteraient qu'à la mort, si l'on n'en coupait les
» racines. » Il observait que cette maladie « était
» des tisons qui couvaient sous la cendre, et se

» rallumaient au moment où on les croyait bien
» éteints. » Elle se manifeste de plusieurs manières ; savoir, par des matières verdâtres qui, après avoir séjourné autour des yeux, laissent des rougeurs ulcéreuses, des boutons pointus et sans suppuration, qu'on nomme *virus*, des inflammations aux parties sexuelles, des taches couleur de cuivre, et de larges rougeurs sur les parties du corps qui ne sont point exposées à l'air. Il est d'autres signes encore plus alarmants, et cependant guérissables : ceux-ci proviennent de ce que les pères et mères n'ont point mis en usage les traitements nécessaires au commencement de cette maladie ; et les enfants qui tiennent de ces derniers sont plus que les autres sujets aux convulsions externes et internes, et plus en danger que ceux qui tiennent de pères et mères parfaitement sains. Le seul moyen de guérir les convulsions est qu'aussitôt que vous voyez l'enfant tourner les yeux en s'assoupissant, ou sursauter pendant son sommeil, raidir ses membres en pleurant, il faut le mettre deux fois au bain pendant le jour : sortant du bain, il faut l'essuyer avec du linge chaud, et le frictionner avec une flanelle sur toutes les parties du corps ; faites-lui prendre des boissons rafraîchissantes, et donnez-lui moins de nourriture, parcequ'une mauvaise digestion ferait revenir les convulsions. L'eau de

cerises cuites est très bonne, en employant le sirop de gomme pour la sucrer. On emploiera ce régime à chaque fois que les accès recommenceront. La nourrice, en prenant une bonne nourriture, rendra son lait abondant. Mais qu'elle boive peu de boissons rafraîchissantes : cela dénaturerait son lait en l'éclaircissant. Si les accès sont fréquents, l'on ne promènera pas l'enfant. Sous prétexte de l'égayer, on le sort, et on le ramène avec des vomissements et des diarrhées continuelles, fort difficiles à arrêter. Dans ces instants, les boissons froides seraient très contraires ; elles donneraient des coliques, et arrêteraient la transpiration.

Quand les vingt-deux dents sont faites, on peut sevrer les enfants ; mais avant cette époque ne le faites pas, à moins que des circonstances imprévues ne vous y forcent.

Les dents de lait se faisant avec peine, on doit juger du travail des grosses dents. A cette époque les enfants ne veulent ni boire ni manger : mais le sein de la mère ou celui de la nourrice les sauvera d'autant plus aisément qu'il est leur propre nourriture, et que, dans leur état de souffrance, ils ne pourront en abuser.

Les mères doivent, autant que possible, sevrer elles-mêmes leurs enfants ; car, le plus souvent les nourrices n'ont pas tout ce qui est nécessaire pour cela, ni la patience et les talents pour faire un bon sevrage, ce qui est pourtant de première nécessité pour leur former un bon estomac. Quand l'on veut sevrer, il faut commencer la nuit, et successivement le jour : la nourrice doit prendre moins de nourriture, pour diminuer la quantité de son lait. Dans cette circonstance les farineux lui seront tout-à-fait interdits. Quant à l'enfant, on lui fera prendre des potages très clairs, et des boissons rafraîchissantes; on les augmentera successivement, et on lui en donnera à sa soif. Des cuillerées de vin sucré, de temps à autre, sont nécessaires pour donner de l'énergie et du ton à son estomac. En agisssant de cette manière, on verra diparaître insensiblement la quantité de lait, et après s'être purgé comme l'aura dicté un médecin, on n'aura pas à redouter les ravages que le lait occasione chez les nourrices lorsqu'elles n'agissent pas avec assez de prudence.

Toutes les mères observeront que la première dentition n'est souvent terminée qu'à trois ans, et que dans ce cas l'allaitement serait fort long. Ne vaut-il pas mieux consacrer une année de plus, plutôt que de voir tout ce que l'on a fait jusqu'alors échouer en un moment? Pour se soulager d'un aussi long allaitement, fur à mesure que l'enfant prend la force, ne lui donnez le sein que trois ou quatre fois par jour; mais que son autre nourriture soit plus substancielle : si cela ne produisait pas un bon effet, rendez-lui le sein.

Vers la fin de sa cinquième année, le germe des dents de six ans commence, ce qui se fait aisément connaître par des rougeurs sur les pommettes des joues, et des chaleurs à toutes les extrémités. L'enfant perd l'appétit, ne joue plus, et il a fréquemment envie de pleurer. On ne lui donnera à manger que quand il en demandera; mais on le forcera à boire, peu et souvent. Dans ses moments d'accablement, on l'invitera au sommeil, et on excitera la transpiration en bassinant son lit, et en le couvrant plus que de coutume.

A son réveil, il faudra changer son linge de corps et de tête, et que tout ce qui sera renouvelé soit bien chaud. Si les accès sont passés, on le promènera une heure seulement. Il faut faire en sorte de ne pas le contrarier; et si on l'a grondé pendant le jour, il ne faut pas le coucher sans avoir fait la paix avec lui, afin que son sommeil soit paisible.

Cette dentition est d'autant plus laborieuse, que celle de sept ans se conjoint à celle-ci; les dents de lait tombent, et même les dents de côté s'ébranlent. Avant l'âge de sept ans, il faut éviter aux enfants une application sérieuse, parceque leurs facultés intellectuelles étant mises trop vite en activité, cela nuirait tôt ou tard à leur organisation physique. Il est très commun aujourd'hui d'entendre des enfants de l'âge de cinq à six ans réciter des fables et des contes, lire et écrire, et même dessiner. On les pleure quand ils descendent à cet âge au tombeau; mais pourquoi ne prévoyait-on pas que trop de travail amènerait ce malheur. Pères et mères, évitez cet écueil, et vous aurez l'espoir que vos enfants vous fermeront les yeux.

A huit, neuf et dix ans, on peut commencer à donner une étude ou un travail plus fort aux enfants; mais il ne faut le faire que proportionnellement à leurs forces. Quand ils auront été élevés de la manière prescrite, ils n'auront que la croissance à surmonter; et en leur faisant prendre deux bains par semaine, et leur frictionnant les cuisses et les genoux tous les soirs, ils surmonteront facilement ces crises douloureuses.

A la fin de la onzième année arrive une époque bien plus difficile à vaincre; tout se décompose et s'anéantit. La nature, chez le sexe féminin, demande des soins tout particuliers; il serait nécessaire qu'à cette époque les filles vinssent dans la maison paternelle; elles y auraient plus de dissipation, plus d'exercice, une nourriture plus variée, et leur tempérament se fortifierait. L'on pourrait dans ce cas administrer le sirop antiscorbutique, des tisanes amères, du vin d'absinthe, des bains de pieds, et de grands bains.

Les mères particulièrement doivent prévenir leurs demoiselles du sujet de ce traitement, afin qu'elles ne commettent aucune imprudence qui détruirait les précautions prises pour les faire sortir de cet état de malaise.

Chez les enfants du sexe masculin, la puberté ne se déclare qu'à quinze à seize ans; il faut leur faire suspendre leurs études. On en a vu devenir fous, imbéciles et contrefaits, pour avoir été trop forcés au travail. L'exercice du cheval est propre à former les jeunes gens de cet âge. Si les parents ne peuvent les avoir chez eux, il faut que les maîtres de pensions leur laissent plus de liberté, et exiger que l'on leur fasse prendre des bains d'un jour à l'autre. L'âge de puberté, chez ces derniers, se manifeste par des hémorrhagies de nez très fréquentes, des douleurs de reins et de poitrine. Ils doivent être traités de la même manière que le sexe féminin, excepté que les bains doivent être plus fréquents, à cause de la force des nerfs et des muscles, qu'ils ont plus prononcés que dans l'autre sexe.

On ne peut pas régler les repas ni à l'un ni à

l'autre sexe, jusqu'à leur âge de puberté : d'un moment à l'autre, ils perdent et reprennent l'appétit. L'heure des repas étant trop éloignée, ils n'ont souvent plus faim quand elle arrive. Jusqu'à cet âge ils doivent changer de chaussure tous les mois. On n'a jamais vu d'hommes plus robustes que ceux qui existaient dans le siècle où l'on portait des sandales : les pieds contenant tous les nerfs, muscles, fibres et artères qui tiennent aux jambes et aux cuisses, sont privés de leur articulation dans une chaussure étroite. Il faut donc que les pieds portent à plat dans une chaussure large, afin que les artères et phalanges jouissent de toutes leurs facultés. Évitez de leur mettre des jarretières ; non seulement elles empêchent la circulation du sang, mais elles ont l'inconvénient de rendre les genoux cagneux. C'est encore à tort que l'on croit rendre une demoiselle bien faite en lui faisant porter un corset dès l'âge de cinq ou six ans. Les parents qui ont cette fantaisie doivent en donner un nouveau tous les trois mois, surtout depuis l'âge de onze ans jusqu'à seize, ou bien il faut à ces corsets des goussets qui seront susceptibles de s'élargir aussitôt que la jeune personne se plaindra d'en être indisposée. A ce période de la vie, la poitrine étant presque toujours souffrante, ne mettez dans le corset aucun corps qui pourrait la comprimer, pas même de baleine, quoiqu'elle soit flexible.

Avant que de terminer, je vais donner un avis important sur les vers, maladie qui provient souvent de la mauvaise nourriture que l'on donne aux enfants; elle est non seulement dangereuse, mais souvent mortelle, même chez les grandes personnes. Ceux qui en sont attaqués ont une physionomie pâle, plus jaune dans des places que dans d'autres, les yeux cernés, des démangeaisons de nez, des douleurs de ventre, et ne vont au siége que par épreintes.

Tous les remèdes que l'on donne deviennent impuissants si l'on ne prépare pas les enfants huit jours avant que de les leur faire prendre : on doit donc, les deux premiers jours, leur donner des lavements; les deux jours suivants, des tisanes rafraîchissantes, avec du sirop de gomme; les cinquième et sixième jours, du bouillon de veau; le septième jour, une demi-once de mane; et le huitième, on pourra donner en toute sûreté le vermifuge; observer la diète pour ce jour seulement. Si l'enfant ne rend pas des vers, mais que ses selles soient glaireuses, on suspendra le traitement pendant huit jours, puis on le recommencera de nouveau. L'on peut être assuré de la guérison, ou c'est que l'enfant n'aurait pas de vers. Ce ne sera donc qu'à la dentition ou à la croissance qu'il faudra attribuer l'état de langueur dans lequel l'enfant se trouve. Si l'on ne tient pas ce principe pour certain, le remède qu'on donnera pour les vers ne fera que purger légèrement l'enfant, et laissera aux vers de nouveaux et de plus grands ravages à faire.

Heureuses, mille fois heureuses les mères qui peuvent élever elles-mêmes leurs enfants, surtout quand elles ne se contentent pas de leur donner le sein, et leur prodiguent ces soins indispensables de propreté, si nécessaires à la frêle créature dont la Providence les a rendues dépositaires! Heureuses les mères qui sont dans la possibilité de ne pas confier leurs enfants à des nourrices, qui, trop souvent, ne calculant que la somme qui leur revient à la fin du mois, font l'inverse de ce qu'il faudrait faire pour procurer à leur nourrisson une bonne santé! Quelle joie doit éprouver la mère et l'épouse qui a rempli tous les devoirs que la nature lui prescrivait! Les fruits de ses chastes amours seront sains et robustes : l'âge de la puberté ne deviendra pas une calamité; et une vieillesse exempte d'infirmités fera toujours rappeler à ces enfants, devenus octogénaires, les bons soins de celle à qui ils doivent le jour.

Je souhaite que ce petit ouvrage puisse mériter les suffrages des bonnes mères auxquelles je l'adresse. De longues études et de nombreuses expériences m'en ont fait connaître l'utilité, et j'espère que mes lecteurs pardonneront mon faible style en faveur des vérités que contient cet imprimé.

FIN.